노래의 자연

국립중앙도서관 출판시도서목록(CIP)

노래의 자연 / 지은이: 정현종. -- 양평군 : 시인생각, 2013
 p. ; cm. -- (한국대표명시선 100)

"정현종 연보" 수록
만해사상실천선양회의 지원으로 간행되었음
ISBN 978-89-98047-87-0 03810 : ₩6000

한국 현대시[韓國 現代詩]

811.62-KDC5
895.714-DDC21   CIP2013013025

한 국 대 표
명   시   선
1 0 0

정 현 종

노래의 자연

시인생각

■ **시인의 말**

시인생각에서
선집을 낸다고 해서
그러기로 한다.
또한 만행萬行이
아닐 것인가.
책모양이 궁금하다.

2013년 여름
정 현 종

■ 차 례 ────────── 노래의 자연

시인의 말

1

교감　13
화음 —발레리나에게　14
그대는 별인가— 시인을 위하여　16
사물의 꿈 1 —나무의 꿈　17
고통의 축제 2　18
떨어져도 튀는 공처럼　20
악몽과 뜬구름 2　21
초록 기쁨 —봄숲에서　22
○　24
하늘의 허파를 향해　26

한국대표명시선100 정 현 종

2

벌레들의 눈동자와도 같은   29
달도 돌리고 해도 돌리시는 사랑이   30
느낌표   31
잎 하나로   32
헐벗은 가지의 에로티시즘   33
자기기만   34
태양에서 뛰어내렸습니다   35
천둥을 기리는 노래   36
사랑할 시간이 많지 않다   39
좋은 풍경   40

3

갈대꽃　43

길의 신비神秘　44

황금 취기醉氣 1
　—김현과 어울린 술자리　46

나무껍질을 기리는 노래　48

환합니다　51

스며라 그림자　50

이슬　52

세상의 나무들　54

개들은 말한다　55

안부　56

4

날아라 버스야　59

맑은 물　60

팔다리는 반짝인다　62

사전을 기리는 노래　64

가짜 아니면 죽음을!　66

밤하늘에 반짝이는 내 피여　68

때와 공간의 숨결이여　70

견딜 수 없네　73

노래의 자연 ―미당 서정주 선생을
　　　추모하며 그의 시를 기리는 노래　74

빛 ―꽃망울　76

5 문장이라는 실이여 —글쟁이의 한 마음　79
경청　80
예술의 힘 2
　—폴란스키의 〈피아니스트〉에서, 변주　82
풀잎은　84
꽃 시간 1　85
어떤 적막　86
하루　87
무한 바깥　88
방문객　89
광휘의 속삭임　90

정현종 연보　92

1

교감

밤이 자기의 심정처럼
켜고 있는 가등街燈
붉고 따뜻한 가등의 정감을
흐르게 하는 안개

젖은 안개의 혀와
가등의 하염없는 혀가
서로의 가장 작은 소리까지도
빨아들이고 있는
눈물겨운 욕정의 친화

화음
— 발레리나에게

그대 불붙는 눈썹 속에서 일광
은 저의 머나먼 항해를 접고
화염은 타올라 용약踊躍의 발끝은 당당히
내려오는 별빛의 서늘한 승전勝戰 속으로 달려간다.
그대 발바닥의 화조火鳥들은 끽끽거리며
수풀의 침상에 상심하는 제.

나는 그동안 뜨락에 가안家雁을 키웠으니
그 울음이 내 아침의 꿈을 적시고
뒤뚱거리며 가브리엘에게 갈 적에
시간은 문득 곤두서 단면을 보이며
물소리처럼 시원한 내 뼈들의 풍산風散을 보았다.

그 뒤에 댕기는 음식과 어둠은
왼 바다의 고기떼처럼 살 속에서 놀아
아픔으로 환히 밝기도 하며
오감의 현금絃琴들은 타오르고 떨리어
아픈 혼만큼이나 싸움을 익혀가느니.

그대의 숨긴 극치의 웃음 속에
지금 다시 좋은 일이 더 있을 리야
그대의 질주에 대해 궁금하고 궁금한 그 외에는
그대가 끊임없이 마룻장에서 새들을 꺼내듯이
살이 뿜고 있는 빛의 갑옷의
그대의 서늘한 승전 속으로
망명하고 싶은 그 외에는.

그대는 별인가
　　— 시인을 위하여

하늘의 별처럼 많은 별
바닷가의 모래처럼 많은 모래
반짝이는 건 반짝이는 거고
고독한 건 고독한 거지만
그대 별의 반짝이는 살 속으로 걸어들어가
"나는 반짝인다"고 노래할 수 있을 때까지
기다려야지
그대의 육체가 사막 위에 떠 있는
거대한 밤이 되고 모래가 되고
모래의 살에 부는 바람이 될 때까지
자기의 거짓을 사랑하는 법을 연습해야지
자기의 거짓이 안 보일 때까지.

사물의 꿈 1
　　— 나무의 꿈

그 잎 위에 흘러내리는 햇빛과 입맞추며
나무는 그의 힘을 꿈꾸고
그 위에 내리는 비와 뺨 비비며 나무는
소리 내어 그의 피를 꿈꾸고
가지에 부는 바람의 푸른 힘으로 나무는
자기의 생이 흔들리는 소리를 듣는다.

고통의 축제 2

눈 깜박이는 별빛이여
사수좌射手座인 이 담뱃불빛의 화창和唱을 보아라
구호의 어둠 속
길이 우리 암호의 가락!
하늘은 새들에게 내어주고
나는 아래로 아래로 날아오른다
    쾌락은 육체를 묶고
    고통은 영혼을 묶는도다*

시간의 뿌리를 뽑으려다
제가 뿌리 뽑히는 아름슬픈 우리들
술은 우리의 정신의
화려한 형용사
눈동자마다 깊이
망향가望鄕歌 고여 있다
    쾌락은 육체를 묶고
    고통은 영혼을 묶는도다

무슨 힘이 우리를 살게 하냐구요?
마음의 잡동사니의 힘!

아리랑 아리랑의 청천하늘
오늘도 흐느껴 푸르르고
별도나 많은 별에 수심愁心 내려
기죽은 영혼들 거지처럼 떠돈다
　　쾌락은 육체를 묶고
　　고통은 영혼을 묶는도다

몸보다 그림자가 더 무거워
머리 숙이고 가는 길
피에는 소금, 눈물에는 설탕을 치며
사람의 일들을 노래한다
세상에서 가장 쓸쓸한 일은
사람 사랑하는 일이어니
　　쾌락은 육체를 묶고
　　고통은 영혼을 묶는도다

*) 후렴은 우나무노의 『생의 비극적 의미』라는 책에서 인용.

떨어져도 튀는 공처럼

그래 살아봐야지
너도 나도 공이 되어
떨어져도 튀는 공이 되어

살아봐야지
쓰러지는 법이 없는 둥근
공처럼, 탄력의 나라의
왕자처럼

가볍게 떠올라야지
곧 움직일 준비 되어 있는 꼴
둥근 공이 되어

옳지 최선의 꼴
지금의 네 모습처럼
떨어져도 튀어오르는 공
쓰러지는 법이 없는 공이 되어.

악몽과 뜬구름 2

따다다 랄랄라
괜찮아, 가벼운 상처야
무덤에 가면 나을걸 뭐
따다다 랄랄라

   새벽같이 오는
   이 소름슬픔 만세

따다다 사람 하나 먹고
랄랄라 사람 둘 먹고
하하, 화약처럼
속삭이고 싶어

   저 달은 무덤 속에
   우린 저 달빛 아래

꿈이야, 걸음아 도망갔어
가도가도 정든! 지도였어―
덫에 걸린 올가미가
함정에 빠져 있었어

   저 달은 무덤 속에
   우린 저 달빛 아래

초록 기쁨
— 봄숲에서

해는 출렁거리는 빛으로
내려오며
제 빛에 겨워 흘러 넘친다
모든 초록, 모든 꽃들의
왕관이 되어
자기의 왕관인 초록과 꽃들에게
웃는다, 비유의 아버지답게
초록의 샘답게
하늘의 푸른 넓이를 다해 웃는다
하늘 전체가 그냥
기쁨이며 신전神殿이다

해여, 푸른 하늘이여,
그 빛에, 그 공기에
취해 찰랑대는 자기의 즙에 겨운,
공중에 뜬 물인
나뭇가지들의 초록 기쁨이여

흙은 그리고 깊은 데서
큰 향기로운 눈동자를 굴리며
넌지시 주고받으며
싱글거린다

오 이 향기
싱글거리는 흙의 향기
내 코에 댄 깔때기와도 같은
하늘의, 향기
나무들의 향기!

○

거기서 와서 거기로 가는
○은 처음이며 끝
○은 인생의 초상
○은 다 있고 하나도 없는 모습
꽉차고 텅 빈 모습
○은 무엇일까
○은 가볍다
공기空氣의 숨결
굴리며 놀고
뒤집어쓰면 후광
○은 크고 밝다
○은 생명의 거울
○은 사랑
○ㄴ, 모든 곡식의 살
모든 열매의 살
이슬과 눈물의 정령
천체의 정령
금반지 은반지의 정령
풀잎과 나무의 정령
물과 피의 정령

방울들
온갖 소리들
모든 구멍의 정령
죽음의 정령
○의 정령

하늘의 허파를 향해

못 볼 거인 듯 나는 보았다
화엄사 각황전 뒤꼍에서 혼자 부서져 내리는 흙
그 무한아름의 나무기둥을 돌고 있는 바람
하늘의 저 깊은 허파를 향해 타오르는 석등의 불꽃
땅인 줄 알고 만판 떨어져 그늘도 눈부신 동백꽃 숨소리

  미친—
  어쩌자구—
  하늘의 입술, 땅의 젖꼭지
  미친—

  길이 아닌 게 없고
  돌들은 팔자를 거슬러 둥둥 떠오르고

그리고 그 흙 곁의 내 마음
그 바람 곁의 내 마음
불꽃 방향
동백꽃 숨소리에 물드는 내 마음!

2

벌레들의 눈동자와도 같은

둥근 기쁨 하나
　　마음의 광채
둥근 슬픔 하나
　　마음의 광채
굴리고 던지고 튕기며 노는
내 커다란 놀이

이만큼 깊으니
　　슬픔의 금강석
노래와 더불어
　　기쁨의 금강석
지구와도 같고 혈구血球와도 같으며
풀잎과도 같고 벌레들의 눈동자와도 같은
둥근 슬픔
둥근 기쁨

달도 돌리고 해도 돌리시는 사랑이

한 처녀가 자기의 눈 속에서
나를 내다본다

나는 남자와
풍경 사이에서 깜박거린다

남자일 때 나는
말발굽 소리를 내고

풍경일 때 나는
다만 한 그루 나무와 같다

달도 돌리고 해도 돌리시는 사랑이
우리 눈동자도 돌리시느니

한 남자가 자기의 눈 속에서
처녀를 내다본다

느낌표

나무 옆에다 느낌표 하나 심어놓고
꽃 옆에다 느낌표 하나 피워놓고
새소리 갈피에 느낌표 구르게 하고
여자 옆에 느낌표 하나 벗겨놓고

슬픔 옆에는 느낌표 하나 울려놓고
기쁨 옆에는 느낌표 하나 웃겨놓고
나는 거꾸로 된 느낌표 꼴로
휘적휘적 또 걸어가야지

잎 하나로

세상일들은
솟아나는 싹과 같고
세상일들은
지는 나뭇잎과 같으니
그 사이사이 나는
흐르는 물에 피를 섞기도 하고
구름에 발을 얹기도 하며
눈에는 번개 귀에는 바람
몸에는 여자의 몸을 비롯
왼통 다른 몸을 열반처럼 입고

왔다갔다하는구나
이리저리 멀리멀리
가을 나무에
잎 하나로 매달릴 때까지.

헐벗은 가지의 에로티시즘

겨울나무에 보인다 말도 없이
불꽃 모양의 뿌리
헐벗은 가지의
에로티시즘

그래 천지간에 거듭
나무들은 봄을 낳는다
끙끙거리지도 않고
잎 트는 소리
물 흐르는 소리를 내며

낳는다
항상 외로운 사랑이
사람 모양의 아지랑이로 피듯

내 사랑
헐벗은 가지의 에로티시즘

자기기만

자기기만은 얼마나 아름다운가
자기기만은 얼마나 착한가
자기기만은 얼마나 참된가
자기기만은 얼마나 영원한가
참으로 아름답고
     착하고
     참되고
     영원한
자기기만이여
불가피한 인생이여.

태양에서 뛰어내렸습니다

싹이 나오고
꽃이 피었어요
나는 부풀고 부풀다가 그냥
태양에서 뛰어내렸습니다
뛰어내렸어요
태양에서
(생명의 기쁨이요?)
달에 바람을 넣어 띄우고
땅에도 바람을 넣어 그
탄력 위에서 벙글거렸지요

인제 할 일은 하나
아주 꽃 속으로 뛰어드는 일,
그야
거기 들어 있는 태양들을
내던지겠습니다
향기롭게, 붉게, 푸르게

천둥을 기리는 노래

여름날의 저
천지 밑 빠지게 우르릉대는 천둥이 없었다면
어떻게 사람이 그 마음과 몸을
씻었겠느냐,
씻어
참 서늘하게는 씻어
문득 가볍기는 허공과 같고
움직임은 바람과 같아
왼통 새벽빛으로 물들었겠느냐

천둥이여
네 소리의 탯줄은
우리를 모두 신생아로 싱글거리게 한다
땅 위에 어떤 것도 일찍이
네 소리의 맑은 피와
네 소리의 드높은 음식을
우리한테 준 적이 없다
무슨 이념, 무슨 책도
무슨 승리, 무슨 도취
무슨 미주알고주알도

우주의 내장을 훑어내리는 네
소리의 근육이 점지하는
세상의 탄생을 막을 수 없고
네가 다니는 길의 눈부신
길 없음을 시비하지 못한다.

 천둥이여, 가령
 내 머리와 갈비뼈 속에서 우르릉거리다
 말다 하는 내 천둥은
 시작과 끝에 두려움이 없는 너와 같이
 천하를 두루 흐르지 못하지만, 그래도
 이 무덤 파는 되풀이를 끊고
 이 냄새 나는 조직을 벗고
 엉거주춤과 뜨뜻미지근
 마음 없는 움직임에 일격을 가해
 가령 어저께 나한테 "선생님
 요새 어떻게 지내세요"라고
 떠도는 꽃씨 비탈에 터잡을까
 망설이는 목소리로 딴죽을 건
 그 여학생 아이의

파르스름 과분果紛 서린 포도알 같은 눈동자의
참 그런 열심이 마름하는 치수로 출렁거리고도 싶거니

하여간 항상 위험한 진실이여
죽음과 겨루는 그 나체여, 그러니만큼
몸살 속에서 그러나 시와 더불어
내 연금술은 화끈거리리니
불순한 비빔밥 내 노래와 인생의
주조主調로 흘러다오 천둥이여
가난한 번뇌 입이 찢어지게
우르릉거리는 열반이여

네 소리는 이미 그 속에
메아리도 돌아다니고 있느니
이 신생아를 보아라 천둥벌거숭이
네 소리의 맑은 피와
네 소리의 드높은 음식을 먹으며
네가 다니는 길의 눈부신
길 없음에 놀아난다, 우르릉……

사랑할 시간이 많지 않다

사랑할 시간이 많지 않다
아이가 플라스틱 악기를 부—부—불고 있다
아주머니 보따리 속에 들어 있는 파가 보따리 속에서
쑥쑥 자라고 있다
할아버지가 버스를 타려고 뛰어오신다
무슨 일인지 처녀 둘이
장미를 두 송이 세 송이 들고 움직인다
시들지 않는 꽃들이여
아주머니 밤 보따리, 비닐
보따리에서 밤꽃이 또 막무가내로 핀다

좋은 풍경

늦겨울 눈 오는 날
날은 푸근하고 눈은 부드러워
새살인 듯 덮인 숲 속으로
남녀 발자국 한 쌍이 올라가더니
골짜기에 온통 입김을 풀어놓으며
밤나무에 기대서 그 짓을 하는 바람에
예년보다 빨리 온 올 봄 그 밤나무는
여러 날 피울 꽃을 얼떨결에
한나절에 다 피워놓고 서 있었습니다.

3

갈대꽃

산 아래 시골길은 걸었지
논물을 대는 개울을 따라
이 가을빛을 견디느라고
한숨이 나와도 허파는 팽팽한데
저기 갈대꽃이 너무 환해서
끌려가 들여다본다, 햐!
광섬유로구나, 만일 그 물건이
세상에서 제일 환하고 투명하고
마음들이 잘 비치는 것이라면……

그 갈대꽃이 마악 어디론지
떠나고 있었다
기구氣球 모양을 하고,
허공으로 흩어져 어디론지
비인간적으로 반짝이며,
너무 환해서 투명해서 쓸쓸할 것도 없이
그냥 가을의 속알인 갈대꽃들의
미친 빛을 지상에 남겨두고.

길의 신비神秘

바라보면 야산 산허리를 돌아
골을 넘어 어디론가(!)
사라지는 길이여, 나의 한숨이여
빨아들인다 너희는, 나를,
한없이,
야산 허리를 돌아
골을
넘어
어디론가
사라지는
길들, 바라보며
나는 한없이 자극되어
몸이 뜨거워지고
가슴이 싸아―하고
창자가 근질근질―
그러한 길이여, 오
누설된 신비,
수많은 궁금한
세계들과 이어진 탯줄,
넘어가면 거기

새로 태어나는(!) 마을,
열리는 공간,
숨은 숨결,
씻은 듯한 얼굴.
산허리를 돌아 처녀
사타구니 같은 골로 넘어가며
항상 발정해 있는 길이여
나의 성욕이여,
넘어가 사라지면서(!)
마침내 보이는 우리들
그리움의 샘,
열망의 뿌리,
모험의 보물섬—

멀리멀리 가는 나의 한숨
길이여
누설된 신비여.

황금 취기醉氣 1
― 김현과 어울린 술자리

나는 취하고 자네 또한 즐겁거니
도연陶然히 둘이 함께 세속 생각 잊었다
    ― 이백李白, 「종남산終南山을 내려오다가 곡사산인斛斯山人
     집에 자면서 술을 마시다」에서

술이여 그대는 최고의 연금술사
납덩이 인생을 황금으로 바꾸누나
    ― 오마르 카이얌, 「루바이아트」에서

그 수줍은 육덕肉德과 주덕酒德은 대충
화창和唱하는 것이었지만,
마시면 그저 좋을 뿐이니
좋은 일을 어찌 마다 했으랴,
인생살이 안팎이 실은
단근질이니
불에는 불로! 라는 듯
물불 타올랐거니―

맥주 거품은 늘 왕관모양!
구름모양! 부풀어올랐고

그야 우리는 왕관부터 구름부터 마셨으며
취기는 거기 달린 장식
구슬 영락처럼 찰랑댔다

사람 사귀기 문학 얘기 그리하여
편하고 훈훈하게 피어오르고
그 술 연금술 또 말과 사람을 황금으로 만들어
우리는 바야흐로 금에 홀린 황금광黃金狂,
우리는 서로 황금 불알도 만졌느니.

지는 것이 이기는 거라
술이 우리를 이기고
작부가 우리를 이기며
시간이 우리를 이기는 동안
우리는 실로 내장을 다해 웃었느니,
집도 절도 없는 그 웃음들은
이제 무슨 집 무슨 절로 서 있는지ㅡ

나무껍질을 기리는 노래

서 있는 나무의
나무 껍질들아
너희를 보면 나는
만져보고 싶어
손바닥으로 너희를
만지곤 한다
그것만으로도 나는
너희와 체온이 통하고
숨이 통해
내 몸에도 문득
수액이 오른다.
견디고 견딘
너희 껍질들이 감싸고 있는 건
무엇인가
나이와 세월,
(무엇이 돌을 던져 나이는
파장波狀으로 번지는지)
살과 피,
바람과 햇빛,
숨결,

새들의 꿈,
짐승의 은신隱身과 욕망,
곤충들—
더듬이와 눈, 그리고
외로움,
시냇물 소리,
꽃들의 비밀,
그 따뜻함,
깊은 밤 또한
너희 껍질에 싸여 있다.
천둥도 별빛도
돌도 불꽃도.

스며라 그림자

 어느 여름날 밤 지리산 추성계곡 한 민박집 마당에 켜놓은 밝은 전등에 환히 드러난, 산길 내느라고 자른 산 흙벽에 비친 내 거대한 그림자에 나는 놀란 적이 있다.
 그도 그럴 것이, 순간 그 그림자는 이미 흙벽에 각인된 화석化石이었으며, 그리하여, 법열法悅이었는지 좀 어지러우면서, 나는 화석이 된 내 그림자의 깊음 속으로 빠져들어갔다. 그러면서
 속으로 가만히 부르짖었다.─스며라 그림자!

 (전등에는 갖은 부나비 떼와 곤충 떼가 난무하고 있었다)
 (깊은 산 한밤중 전등 불빛에 환한 잘린 산 흙벽에 비친, 확대되어 거대한, 그림자의 압도는 한 번 겪어볼 일이다.)
 (향기로운 무無, 기타)

 꿈이었는지……화석 그림자……

환합니다

환합니다
감나무에 감이,
바알간 불꽃이,
수도 없이 불을 켜
천지가 환합니다.
이 햇빛 저 햇빛
다 합해도
저렇게 환하겠습니까.
서리가 내리고 겨울이 와도
따지 않고 놔둡니다.
풍부합니다.
천지가 배부릅니다.
까치도 까마귀도 배부릅니다.
내 마음도 저기
감나무로 달려가
환하게 환하게 열립니다.

이슬

강물을 보세요 우리들의 피를
바람을 보세요 우리의 숨결을
흙을 보세요 우리들의 살을.

구름을 보세요 우리의 철학을
나무를 보세요 우리들의 시를
새들을 보세요 우리들의 꿈을.

아, 곤충들을 보세요 우리의 외로움을
지평선을 보세요 우리의 그리움을
꽃들의 삼매三昧를 우리의 기쁨을.

어디로 가시나요 누구의 몸 속으로
가슴도 두근두근 누구의 숨 속으로
열리네 저 길, 저 길의 무한—

나무는 구름을 낳고 구름은
강물을 낳고 강물은 새들을 낳고
새들은 바람을 낳고 바람은
나무를 낳고……

열리네 서늘하고 푸른 그 길
취하네 어지럽네 그 길의 휘몰이
그 숨길 그 물길 한 줄기 혈관……

그 길 크나큰 거미줄
거기 열매 열은 한 방울 이슬—
(진공眞空이 묘유妙有로 가네)
태양을 삼킨 이슬 만유萬有의
바람이 굴려 만든 이슬 만유의
번개를 구워먹은 이슬 만유의
한 방울로 모인 만유의 즙—
천둥과 잠을 잔 천둥을 밴
이슬, 해왕성 명왕성의 거울
이슬, 벌레들의 내장을 지나 새들의
목소리에 굴러 마침내
풀잎에 맺힌 이슬……

세상의 나무들

세상의 나무들은
무슨 일을 하지?
그걸 바라보기 좋아하는 사람,
허구한 날 봐도 나날이 좋아
가슴이 고만 푸르게 푸르게 두근거리는

그런 사람 땅에 뿌리내려 마지않게 하고
몸에 온몸에 수액 오르게 하고
하늘로 높은 데로 오르게 하고
둥글고 둥글어 탄력의 샘!

하늘에도 땅에도 우리들 가슴에도
들리지 나무들아 날이면 날마다
첫사랑 두근두근 팽창하는 기운을!

개들은 말한다

개들은 말한다
나쁜 개를 보면 말한다
저런 사람 같은 놈.
이리들은 여우들은 뱀들은
말한다 지네 동족이 나쁘면
저런 사람 같으니라구.

한국산 호랑이가 멸종된 건
개와 이리와 여우들 탓이 아니지 않은가.
한국산 호랑이의 멸종은
전설의 멸종
깨끗한 힘의 멸종
용기의 멸종과 더불어 진행된 게 아닌가.
날[生] 기운의 감소
착한 의지의 감소
제정신의 감소와 더불어 진행된 게 아닌가.
한국산 호랑이의 멸종은 하여간
개와 이리와 여우들 탓은 아니지 않은가.

안부

도토리나무에서 도토리가
툭 떨어져 굴러간다.
나는 뒤를 돌아보았다
도토리나무 안부가 궁금해서

4

날아라 버스야

내가 타고 다니는 버스에
꽃다발을 든 사람이 무려 두 사람이나 있다!
하나는 장미—여자
하나는 국화—남자.
버스야 아무데로나 가거라.
꽃다발을 든 사람이 둘이나 된다.
그러니 아무데로나 가거라.
옳지 이륙을 하는구나!
날아라 버스야,
이륙을 하여 고도를 높여 가는
차체의 이 가벼움을 보아라.
날아라 버스야!

맑은 물

맑은 물을 얻지 못하면 산다고 할 수 없다
― 소로우 《저널》

맑은 물이여
우리가 아침저녁
마시는 물을 위하여
곡식과 채소
과일들의 즙을 위하여
맑은 물이여
구름의 운명을 위하여
비와 눈
풀잎과 이슬
곤충들의 갈증을 위하여
우리의 전설
모든 시냇물을 위하여
도도한 피
강물
우리와 함께 헤엄치는
물고기들
그 번쩍이는 발랄한 도취를 위하여
구름의 고향 바다를 위하여
그들을 바라보는
우리의 눈을 위하여

맑은 물이여
우리의 영혼이 샘솟기 위하여
산 것들의 힘이 샘솟기 위하여
지구의 눈동자
맑은 물이여
거기 비치는 해와 달
그리고 나무들을 위하여
새들의 노래를 위하여

팔다리는 반짝인다

팔다리를 섬겨야 하리
하늘의 여신 눗Nut*이 누구인가
우리들 아닌가
팔다리는 하늘을 받치는 네 기둥
그 품 안에 땅과
거기서 사는 것들과
죽은 것들을 다 감싸니
살고 죽으리
하늘이 무너지지 않으리
별들은 반짝이고
달은 그이의 사지四肢를 통과해 가리
모든 산 것들과
죽은 것들은
바람 부는 풀잎
손을 흔들리
보렴, 우주의 네 기둥
팔다리는 반짝인다
천체天體로 장엄되어 반짝인다
우리의 팔다리여
섬겨야 하리.

*) 이집트 『사자死者의 서書』에 나오는 신화는 하늘을 하늘의 여신 눗의 형상으로 생각한다. 사지四肢는 기둥이고 이 네 기둥이 하늘을 받치고 있는데, 팔다리를 짚고 엎드린 형상으로 발은 동쪽에 손은 서쪽에 있다.

사전을 기리는 노래

무슨 말인지 몰라
숨 막힐 때
너는 마침내
편히 숨쉬게 해준다
사전이여.

날숨인 소리와
들숨인 뜻을 우리는
숨쉬며 살거니와,
소리는 퍼지고 퍼져
뜻은 안으로 안으로 울려
있는 것들 건드리고
비바람과 함께
꿈과 함께
제 살과 피로
진주가 된다
너 두려움과 해독의 신호
길과 거품의 메아리여.

너를 펼치며
씨 뿌리고
너를 펼치며
거둔다.
눈길이 닿아
말들 다시
물오르고
날아오르고
그림자와 함께
움직일 때.

운명을 만드는
작명가
만지면 열리는
지장보살
사전이여
두려움과 해독의 신호
길과 거품의 메아리여.

가짜 아니면 죽음을!

가로수야 그렇지 않으냐
도시 생활이라는 거 말이지
문명의 난민難民 아니냐.
아스팔트의 지옥
맹목과 명목瞑目의 역청*에
허덕이는 오토 피플
우리는 난민이다.

오 지긋지긋한 자동차들,
바퀴벌레들아 그렇지 않으냐,
도시 표면을 다 덮어버린
저 달리고 기고 서 있고 찢어지는 구역질
저 자본의 토사물 속에서 허덕이는
삶이라는 이름의 재난!
그렇지 않으냐 하필이면 도시에 사는 비둘기들아
유독 가스 속을 아장거리며
던져주는 먹이에 정신없는 우리의 동료들아
유황의 화력火力과 마력馬力과 금력金力의 불길
그 날름대는 혀의 불타는 마비의 추력으로
우리는 오늘도 생산하고 소비하고 지지고 볶고

자동적으로 이판이고 나 몰라라 사판이며
진짜에서 멀리 진짜에서 멀리
정치 경제 사회 문화의 모든 힘으로
이런 절규를 힘껏 숨긴다, "가짜 아니면 죽음을!"

*) 천연산의 고체·반고체·액체 또는 기체의 탄화수소 화합물의 총칭. 고체는 아스팔트, 액체는 석유, 기체는 천연가스로 도로 포장, 방부제의 재료로 쓰임.

밤하늘에 반짝이는 내 피여

은하수 너머 머나멀리, 여기서 천이백만 광년 떨어진 데서 초신성이 지금 폭발 중인데, 폭발하면서 모든 별들과 은하군의 에너지 방출량의 반 해당하는 에너지를 방출하고 있다.
　지구 은하계 너머, 나선형 M-81 은하계에서 발견된 특히 빛나는 이 초신성 1993J의 크기는 지구가 속해 있는 태양계만한데, 폭발하는 별은 죽어가면서도 삶을 계속하고 있다. 그건 다른 별들을 만드는 물질을 분출할 뿐만 아니라 생명 바로 그것의 구성 요소들을 방출하기 때문이다.
　우리 뼛속의 칼슘과 핏속의 철분은, 태양이 생겨나기 전에, 우리 은하계에서 폭발한 이별들 속에 들어 있었던 것이다.
　　　　　　　― 로스앤젤레스타임스(1993년 7월 18일자 기사)

너 반짝이냐
나도 반짝인다, 우리
칼슘과 철분의 형제여.

멀다는 건 착각
떨어져 있다는 건 착각
이 한 몸이 삼세三世며 우주
죽어도 죽지 않는 통일 영물靈物―
일찍이 별 하나 나 하나

별 둘 나 둘 아니냐
그렇다면!
그 전설이 사실 아니냐
우리가 전설 아니냐
칼슘의 전설
철분의 전설—

밤하늘에 반짝이는 내 뼈여
밤하늘에 반짝이는 내 피여.

때와 공간의 숨결이여

내가 드나드는 공간들을 나는 사랑한다
집과 일터
이 집과 저 집
이 방과 저 방,
더 큰 공간에 품겨 있는
품에 안겨 있는 알처럼
꿈꾸며 반짝이는 그 공간들을
나는 사랑한다.
꿈꾸므로 반짝이고
품겨 있으므로 꿈꾸는
그 공간들은 그리하여
항상 태어날 준비가 되어 있다.
항상 새로 태어나고 있다.
어리고 연하고 해맑은
그 공간들의 태내胎內에 나는 있고
나와 공간들은
서로가 서로를 낳는다
서로 품어 더욱 반짝여
서로가 서로를 낳는 안팎은
가없이 정답다

그 공간들을 드나드는 때를 또한
나는 사랑한다.
들어갈 때와 나갈 때,
그 모든 때는 태초太初와 같다.
햇살 속의 먼지와도 같이
반짝이는 그 때의 숨결을
나는 온몸으로 숨쉬며
드나든다. 오호라
시간 속에 비장秘藏되어 있는 태초를
나는 숨쉬며
드나든다.
모든 때의 알 또한
꿈꾸며 반짝이며
깃을 내밀기 시작한다.
시간이란 그리하여
싹이라는 말과 같다.
시간의 태胎가 배고 있는 모든
내일의 꽃의 향기를
(폐허는 역사의 짝이거니와)
그 때들은 꽃피운다.

내가 드나드는 공간들이여
그렇게 움직이는 때들이여
서로 품에 안겨
서로 배고 낳느니
꿈꾸며 반짝이느니.

견딜 수 없네

갈수록, 일월日月이여,
내 마음 더 여리어져
가는 8월을 견딜 수 없네.
9월도 시월도
견딜 수 없네.
흘러가는 것들을
견딜 수 없네.
사람의 일들
변화와 아픔들을
견딜 수 없네.
있다가 없는 것
보이다 안 보이는 것
견딜 수 없네.
시간을 견딜 수 없네.
시간의 모든 흔적들
그림자들
견딜 수 없네.
모든 흔적은 상흔傷痕이니
흐르고 변하는 것들이여
아프고 아픈 것들이여.

노래의 자연
　　— 미당 서정주 선생을 추모하며 그의 시를 기리는 노래

향가 이후
이런 무의식의 즙이 오른 언어가 어디 있었느냐.
땅이 꽃을 피워 내듯이
나무에 물 오르고 뻐꾸기가 울 듯이
시의 제일 높은 자리
노래의 자연을 만판 피워 냈느니.
활자들이 모두 주천酒泉이기나 한 듯
거기서 술이 뽈록뽈록 용출湧出하여,
우리는 민족적으로 취하여,
정치 경제 군사 또 그 무엇도 하지 못한
신명을 풀무질하지 않았느냐.
(그러니 그의 정치적 백치
뒤에 오면서 늘어나는 과잉 능청 그런 것들은
〈악덕의 영양분〉으로 섭취하는 게 좋으리.
용서를 빈 바도 있으시고
브레히트의 〈쉰 목소리〉도 그럼직하며
관용은 정의를 비로소 정의롭게 하리니)
어떻든 잘 익은 술이나 김치의 맛과도 같이
그다지도 곰삭은 그의 노래의 맛은
느낌의 영매靈媒의 이 또한 곰삭은 몸과 마음에서

샘솟아 흘러나온 것이니
피로우나 즐거우나
세상살이의 맛을 한결같게 하는
노래의 일미행一味行이 아니고 또 무엇이랴.
감정이거나 욕망이거나 꽃이거나 바람이거나
그 노래에서 새로 태어난 사물의 목록
그 탄생의 미묘한 파동의 목록을 우리는 아직
다 작성하지 아니했느니
(한 나라 한 부족이 대접을 받으려면
문화적 보물이 있어야 한다는 건 뻔한 애기)
나는 술잔을 앞에 놓고
한국어의 한 자존심 그 보물 중에서
내 십팔번 '푸르른 날'을 불러 본다.

내가 죽고서 네가 산다면!
네가 죽고서 내가 산다면?

눈이 부시게 푸르른 날은
그리운 사람을 그리워하자

빛 ─ 꽃 망울

당신을 통과하여
나는 참되다, 내 사랑.
당신을 통과하면
모든 게 살아나고
춤추고
환하고
웃는다.
터질 듯한 빛—
당신, 더없는 광원光源이
빛을 증식한다!
(다시 말하여)
모든 공간은 꽃핀다!

당신을 통해서
모든 게 새로 태어난다, 내 사랑.
새롭지 않은 게 있느냐
여명의 자궁이여.
그 빛 속에서는
꿈도 심장도 모두 꽃망울
팽창하는 우주이니
당신을 통과하여
나는 참되다, 내 사랑.

5

문장이라는 실이여
─ 글쟁이의 한 마음

문장이라는 실이여
끊어지면 생명도 끊어지느니.
옷감을 짜든 떨어진 데를 깁든
수를 놓든
(끊어진 데서 피도 보이고 한숨소리도 들리니)
이어지거라, 면면히라고도 했으니,
지상의 샘물들이
땅 위에 수를 놓듯이.

경청

불행의 대부분은
경청할 줄 몰라서 그렇게 되는 듯.
비극의 대부분은
경청하지 않아서 그렇게 되는 듯.
아, 오늘날처럼
경청이 필요한 때는 없는 듯.
대통령이든 신神이든
어른이든 애이든
아저씨든 아줌마든
무슨 소리이든지 간에
내 안팎의 소리를 경청할 줄 알면
세상이 조금은 좋아질 듯.
모든 귀가 막혀 있어
우리의 행성은 캄캄하고
기가 막혀
죽어가고 있는 듯.
그게 무슨 소리이든지 간에.
제 이를 닦는 소리라고 하더라도.
그걸 경청할 때
지평선과 우주를 관통하는

한 고요 속에
세계는 행여나
한 송이 꽃 필 듯.

예술의 힘 2
— 폴란스키의 〈피아니스트〉에서, 변주

한 나치 장교를 감동시키고
피아니스트를 살린
음악.
증오의 폐허
잔학의 내장內臟
나쁜 믿음의 암흑 속에서,
씨앗도
흙도
물도
그 아무것도
없는
데서
피어난
꽃.
여차하면
지옥을 만드는
(만들겠다고 협박하는)
어떤 정치
어떤 집단
어떤 케르베로스*의

액운
속에서
피어난
꽃.

*) kerberos, 머리가 셋 달린, 지옥문을 지키는 개.

풀잎은

바람결 따라
풀잎은 공중에 글을 쓰지 않느냐.
어디로 가겠는가.
나는 손과 펜과 몸 전부로
항상 거기 귀의한다.
거기서 나는 왔고
거기서 살았으며
그리로 갈 것이니……

꽃 시간 1

시간의 물결을 보아라.
아침이다.
내일 아침이다.
오늘 밤에
내일 아침을 마중 나가는
나의 물결은
푸르기도 하여, 오
그 파동으로
모든 날빛을 물들이니
마음이여
동트는 그곳이여.

어떤 적막

좀 쓸쓸한 시간을 견디느라고
들꽃을 따서 너는
팔찌를 만들었다.
말없이 만든 시간은 가이없고
둥근 안팎은 적막했다.

손목에 차기도 하고
탁자 위에 놓아두기도 하였는데
네가 없는 동안 나는
놓아둔 꽃팔찌를 바라본다.

그리로 우주가 수렴되고
쓸쓸함은 가이없이 퍼져나간다.
그 공기 속에 나도 즉시
적막으로 일가—家를 이룬다—
그걸 만든 손과 더불어.

하루

하루는 만 년이고
순간은 이게 겁이다.
하루의 끝이 어디인가.
하루는 끝이 없다.
어디서는 해가 뜨고
어디서는 해가 진다.
(사랑이 뜨고 지듯이)
열熱은 끝이 없다.
재灰가 그렇듯이
바람의 가슴도 끝이 없고
강물의 한숨도 끝이 없다.
하늘의 구석구석
마음의 구석구석
웃음도 끝이 없고
눈물도 끝이 없다.
만물의 체온을 감당할 길 없으니
통로 무한은 피어나 넘친다.
하늘의 구석구석
마음의 구석구석
하루는 끝이 없다.

무한 바깥

방 안에 있다가
숲으로 나갔을 때 듣는
새 소리와 날개 소리는 얼마나 좋으냐!
저것들과 한 공기를 마시니
속속들이 한 몸이요
저것들과 한 터에서 움직이니
그 파동 서로 만나
만물의 물결,
무한 바깥을 이루니……

방문객

사람이 온다는 건
실은 어마어마한 일이다.
그는
그의 과거와
현재와
그리고
그의 미래와 함께 오기 때문이다.
한 사람의 일생이 오기 때문이다.
부서지기 쉬운
그래서 부서지기도 했을
마음이 오는 것이다—그 갈피를
아마 바람은 더듬어볼 수 있을
마음,
내 마음이 그런 바람을 흉내낸다면
필경 환대가 될 것이다.

광휘의 속삭임

저녁 어스름 때
하루가 끝나가는 저
시간의 움직임의
광휘,
없는 게 없어서
쓸쓸함도 씨앗들도
따로따로 한 우주인,
(광휘 중의 광휘인)
그 움직임에
시가 끼어들 수 있을까.

아픈 사람의 외로움을
남몰래 이쪽 눈물로 적실 때
그 스며드는 것이 혹시 시일까.
(외로움과 눈물의 광휘여)

그동안의 발자국들의 그림자가
고스란히 스며 있는 이 땅속
저기 어디 시는 가슴을 묻을 수 있을까
(그림자와 가슴의 광휘!)

그동안의 숨결들
고스란히 퍼지고 바람 부는 하늘가
거기 어디 시는 숨쉴 수 있을까.
(숨결과 바람의 광휘여!)

정현종

연 보

1939년 12월 17일 서울 출생.

1965년 연세대 철학과 졸업.
≪현대문학≫에 시「화음」추천.≪현대문학≫에 시「여름과 겨울의 노래」가 3회 추천 완료되어 문단에 등단. <60년대 사화집> 동인.

1966년 <사계四季> 동인으로 활동.

1970년 서울신문 문화부 기자.

1973년 번역시집 프로스트 시선『불과 얼음』(민음사) 간행.

1972년 첫 시집『사물의 꿈』(민음사) 간행.

1974년 시집『고통의 축제』(민음사), 번역시집 예이츠 시선『첫사랑』(민음사) 간행.

1975년 중앙일보 입사.

1977년 서울 예술대 문예창작과 교수(82년까지).

1978년 시집『나는 별아저씨』(문학과지성사) 간행.
한국문학작가상 수상.

1982년 연세대 국문과 교수. 시론집『숨과 꿈』(문학과지성사), 시선집『달아 달아 밝은 달아』(지식산업사) 간행.

1984년 시집『떨어져도 튀는 공처럼』(문학과지성사) 간행.

1989년 시집『사랑할 시간이 많지 않다』(세계사), 산문집『생명의 황홀』(세계사) 간행.

1990년 제3회 연암문학상 수상.

1991년 시선집 『사람들 사이에 섬이 있다』((미래사) 간행.

1992년 시집 『한 꽃송이』(문학과지성사) 간행.
제4회 이산문학상 수상.

1994년 번역시집 로르카 시선 『강의 백일몽』(민음사) 간행.

1995년 시집 『세상의 나무들』(문학과지성사) 간행.
제40회 현대문학상 수상.

1996년 시선집 『이슬』(문학과 지성사) 간행.
제4회 대산문학상 수상.

1997년 독역 시집 『Unter Den Menschen is eine Insel 사람들 사이에 섬이 있다』〈번역 Joo-Youn Kim & Jürgen Kreft〉 간행.

1998년 현대문학상 수상. 영역시집 『Day-Shine(환합니다)』 〈Wolhee Choe & Peter Fusco 번역〉(Cornell University) 간행.

1999년 시집 『갈증이며 샘물인』(문학과지성사), 『정현종시전집』 전 2권(문학과 지성사) 간행.

2000년 번역시집 『네루다 시선』(민음사) 간행.
러시아어 번역시집 『사랑할 시간이 많지 않다』 〈번역 Kim Jean-Young & OK스노프〉 간행.

2001년 제1회 미당문학상 수상.

2002년 번역시집 네루다 시선 『100편의 사랑 소네트』(문학동네) 간행.

2003년 시집 『견딜 수 없네』(시와시학사), 산문집 『날아라 버스야』(시와시학사) 간행.

2004년 제12회 공초문학상 수상.
파블로 네루다 탄생 100주년 기념 메달,

2005년 2월 연세대 국문과 교수 정년퇴임. 근정포장.

2006년 제2회 경암학술상(예술부문) 수상.

2007년 번역시집 네루다 시선 『스무 편의 사랑의 시와 한 편의 절망의 노래』(민음사), 번역시집 네루다 시선 『충만한 힘』(문학동네) 간행.

2008년 시집 『광휘의 속삭임』(문학과지성사) 간행.
영역시집 『The Dream of Things 사물의 꿈』 <번역 Won-Chung Kim & Mi-Jin Kim> (Homa & Sekey Books) 간행.

2009년 시선집 『섬』(열림원) 간행.

2012년 대한민국예술원회원.
스페인어 번역시집 『Murmullos de gloria 광휘의 속삭임』 <번역 Kim Eun-Kyung 외 1인> (Verbum) 간행.

2013년 번역시집 네루다 시선 『질문의 책』(문학동네) 간행.

〖한국대표명시선100〗을 펴내며

한국 현대시 100년의 금자탑은 장엄하다. 오랜 역사와 더불어 꽃피워온 얼·말·글의 새벽을 열었고 외세의 침략으로 역경과 수난 속에서도 모국어의 활화산은 더욱 불길을 뿜어 세계문학 속에 한국시의 참모습을 드러내게 되었다.

이 나라는 글의 나라였고 이 겨레는 시의 겨레였다. 글로 사직을 지키고 시로 살림하며 노래로 산과 물을 감싸왔다. 오늘 높아져 가는 겨레의 위상과 자존의 바탕에도 모국어의 위대한 용암이 들끓고 있음이다.

이제 우리는 이 땅의 시인들이 척박한 시대를 피땀으로 경작해온 풍성한 시의 수확을 먼 미래의 자손들에게까지 누리고 살 양식으로 공급하는 곳간을 여는 일에 나서야 할 때임을 깨닫고 서두르는 것이다.

일찍이 만해는 「님의 침묵」으로 빼앗긴 나라를 되찾고 잃어가는 민족정신을 일으켜 세우는 밑거름으로 삼았으며 그 기름의 뜻은 높은 뫼로 솟아오르고 너른 바다로 뻗어 나가고 있다.

만해가 시를 최초로 활자화한 것은 옥중시 「무궁화를 심고자」(≪개벽≫ 27호 1922. 9)였다. 만해사상실천선양회는 그 아흔 돌을 맞아 만해의 시정신을 기리는 일의 하나로 '한국대표명시선100'을 펴내게 된 것이다.

이로써 시인들은 더욱 붓을 가다듬어 후세에 길이 남을 명편들을 낳는 일에 나서게 될 것이고, 이 겨레는 이 크나큰 모국어의 축복을 길이 가슴에 새겨나갈 것이다.

만해사상실천선양회

한국대표명시선100 | 정현종

노래의 자연

1판1쇄 발행 2013년 4월 30일
2판4쇄발행 2025년 5월 8일

지은이 정현종
뽑은이 만해사상실천선양회
펴낸이 이창섭
펴낸곳 시인생각
등록번호 제2012-000007호(2012.7.6)
주소 고양시 일산동구 호수로 688. A-419호
      ㉾10364
전화 050-5552-2222
팩스 (031)812-5121
이메일 lkb4000@hanmail.net

값 6,000원

ⓒ 정현종, 2013

ISBN 978-89-98047-87-0 03810

* 저자와의 협의에 의하여 인지를 생략합니다.
* 이 책의 저작권은 저자와 시인생각에 있습니다.
* 잘못된 책은 책을 구입하신 서점에서 교환하여 드립니다.

※ 이 책은 만해사상실천선양회의 지원으로 간행되었습니다.